PUBLICATIONS PATRIOTIQUES DU BON SENS.

V. RODDE, éditeur.

11 ET 13 OCTOBRE 1833.

PUBLICITÉ DES RUES

CONQUISE

SUR LA POLICE.

RELATION

DES FAITS QUI ONT PRÉCÉDÉ ET SUIVI L'ACTE D'OPPOSITION LÉGALE ET DE MANIFESTATION ÉNERGIQUE DU CITOYEN RODDE AU SUJET DE LA PUBLICITÉ DES RUES.

***

Cette relation, qui est exactement historique, a été rédigée d'après des documens authentiques et controversés, et, pour qu'on ne nous adresse aucun reproche de partialité, nous avons recueilli les diverses opinions publiées sur l'événement du 13 octobre par les journaux *patriotes*, du *tiers-parti*, *ministériels* et *légitimistes*.

En lisant ce qui a été dit par les divers organes de la presse, le public pourra se former une opinion motivée sur l'importante question de la *publicité des rues*.

Nous avons dû, pour l'intelligence des faits, faire précéder cette relation de deux articles publiés par le *Bon Sens* à la date des 17 février et 6 octobre derniers, sans oublier l'étrange, nous allions dire l'absurde réquisitoire de M. Persil, et le mémorable arrêt de la cour royale.

(EXTRAITS DU BON SENS DU 17 FÉVRIER ET DU 8 OCTOBRE
DERNIERS).

COLPORTAGE DES ÉCRITS PUBLICS.

Les colporteurs d'écrits publics n'ont d'autre obligation à
remplir vis-à-vis de l'autorité, que de faire la déclaration
de la profession qu'ils entendent exercer, et de déposer un
exemplaire de chacun des écrits qu'ils se proposent de vendre
sur la voie publique.

Avec cette double garantie il est facile de concevoir que
l'autorité ne reste jamais désarmée devant les abus ou les dé-
lits du colportage, puisque la police connaît tous les indivi-
dus qui se livrent à cette industrie, et que d'un autre côté
elle reçoit, *avant distribution*, un exemplaire de tous les
écrits colportés.

Ces mesures de surveillance n'ont pas paru suffisantes à
messieurs de la police, et pour en finir une fois pour toutes
avec une industrie qui leur semble fâcheuse (on devine pourquoi), ils ont imaginé de se refuser à recevoir l'exemplaire
que la loi prescrit de déposer, et de faire saisir ensuite les
écrits colportés pour défaut d'exécution de cette formalité....
Excellente manière d'administrer la justice !

Par ce moyen les malheureux colporteurs sont obligés d'a-
bandonner leur industrie, ou de ne vendre d'autres écrits
que ceux que la police permet ou prescrit de distribuer.

S'ils se présentent devant un commissaire de police pour
effectuer le dépôt voulu par la loi, le commissaire répond à
l'instant qu'il ne vise aucun écrit sans qu'au préalable il ait
été soumis à la formalité du timbre ; et pour lui tous les écrits
publiés dans les rues, fût-ce l'Encyclopédie de Diderot, sont
sujets au timbre !

Les lois du 9 vendémiaire an 6, et du 6 priairial an 7,
assujétissent en effet, à cette formalité les avis, affiches ou
annonces de commerce, aussi bien que les journaux ou pa-
piers-nouvelles.

Or, aux yeux de la police, tout produit de la presse est
papier-nouvelle ou avis imprimé, et en se fondant sur cette
interprétation *loyale* de la loi, elle ne veut rien laisser circu-
ler sans timbre.

Cette prétention a déjà été repoussée plusieurs fois par maintes et maintes décisions des tribunaux, et par un aussi grand nombre de solutions données dans un sens contraire par l'administration générale du timbre. Cependant la police n'en persiste pas moins dans son système d'abus de pouvoir et de déni de justice.

Elle ne se fait faute de saisies ni d'emprisonnement, et quelque nombreux que soient les échecs qu'elle éprouve devant la justice ou devant l'administration, elle n'obéit à aucun jugement, et sans faire appel d'aucune décision elle marche droit à son but, celui d'atténuer et même d'empêcher entièrement le colportage des écrits de la prese indépendante.

L'administration du *Bon Sens* a lutté contre une prétention aussi extravagante, pour ne rien dire de plus, et elle est bien disposée à persister jusqu'au bout.

Elle prévient en conséquence MM. les commissaires de police, qu'elle fera déposer chez l'un deux un exemplaire de chacun des écrits qu'elle jugera à propos de faire distribuer par ses colporteurs.

Cette formalité remplie, et soit que le commissaire de police vise ou refuse de viser, la distribution n'en sera pas moins faite dans les rues de Paris.

Si les colporteurs sont ensuite arrêtés pour défaut de formalité du dépôt, ils demanderont à faire constater dans le procès-verbal qu'ils ont obéi à la loi autant qu'il dépendait de leur volonté, et désigneront le commissaire de police qui aura refusé de recevoir l'exemplaire à déposer, sous le vain prétexte de la formalité du timbre qui n'est imposé que pour les feuilles périodiques et les avis de commerce.

Nous verrons ensuite si MM. les commissaires de police soutiendront devant les tribunaux que, placés entre les décisions de la justice et les circulaires de M. Gisquet, ils ont eu raison de fouler aux pieds les premières pour obéir aveuglement aux secondes.

Il serait assez curieux que la police, qui n'a d'autre mandat que d'exécuter les jugemens et les décisions des tribunaux et de l'administration, se permit de les enfreindre elle-même. Qu'elle y songe, le régime du bon plaisir est passé... passé sans retour!

Avant les deux jugemens rendus ces jours derniers par la 6e et la 7e chambre du tribunal civil de la Seine, dans la question du visa et dans celle du timbre, résolue l'une et

l'autrecontrairement aux prétentions de M. Gisquet, les commissaires de police pouvaient prétexter du prétendu vague de
la loi , et soutenir que, dans le doute, ils n'avaient d'autre
parti à prendre que de se conformer aux circulaires de leur
chef.

Aujourd'hui une pareille allégation serait un véritable déni
de justice, une concussion évidente, et nous en poursuivrions
la répression par tous les moyens possibles.   V. R.

(*Bon Sens* du 17 février 1833.)

Nous avons assigné M. Bro à comparaître devant la chambre des référés , pour s'y voir condamner à nous restituer
les exemplaires illégalement saisis de la brochure intitulée :
Procès fait à la presse patriote.

Notre demande a obtenu un plein succès : M. Aug. Portalis, président de chambre, tenant l'audience des référés, nous
a donné gain de cause. et déjà nous avons fait signifier à
M. Bro l'ordonnance qui le condamne à nous restituer les
exemplaires saisis. M. Bro, qui n'a pas daigné comparaître à
l'audience, a fait appel de la décision de M. Portalis. Dans
la huitaine, nous aurons à faire prononcer sur cet appel ;
mais, en attendant, comme l'ordonnance de référé est exécutoire nonobstant appel ou opposition, nous la ferons
exécuter rigoureusement, et demain lundi, M. Bro recevra
la visite des huissiers.

Depuis que l'ordonnance de M. Aug. Portalis est devenue
publique, les colporteurs du *Bon Sens* ont éprouvé de nou-
velles persécutions : l'un d'eux a été conduit devant M. Bas-
set, commissaire de police , qui a saisi pour défaut de timbre; un autre, amené par les alguasils de la police devant
M. Bouilhon , commissaire de la rue Neuve-Coquenard , a
été conduit en prison pour contravention à la formalité du
visa.

M. Rodde a épuisé toutes les voies judiciaires ; il attendra
l'issue des instances récemment introduites devant les tribunaux , et, après décision, il fera pour les brochures ce qu'il
avait promis de faire pour le supplément. Le défi porté par
lui aux agens de la police , relativement à la saisie du *Bon
Sens*, n'a pas été accepté ; depuis qu'il a menacé de descendre lui-même dans la rue, et de vendre en personne, le supplément a été distribué sans encombre.

M. Rodde entend qu'il en soit de même des brochures : il

aime à croire que les tribunaux seront assez puissans pour faire respecter la chose jugée, et pour imposer à M. Gisquet le frein de la loi. Dans tous les cas, il saura bien faire respecter, quant à lui, les décisions de la justice qui le concerneront. Tant pis pour ceux dont l'appui lui manquera dans la lutte, ils ne sont pas dignes d'être citoyens d'un pays libre. Honte à ceux qui prêteront main-forte au despotisme ! ce sont des esclaves. Malheur à ceux qui le violenteront dans l'exercice régulier de son droit ! il le défendra jusqu'à la mort !

(Bon Sens du 6 octobre.)

RÉQUISITOIRE DE M. PERSIL.

« Messieurs, la difficulté élevée par les crieurs publics ne devait être dans l'origine qu'une simple question de droit ; sous la main des partis elle est devenue une question politique. C'est une arme qui a remplacé les émeutes et les attaques directes de la presse révolutionnaire. Ne pouvant plus se réunir, à cause des arrêts et de la surveillance de l'autorité, les associations politiques ont remplacé leur action par une action cent fois pire encore, par des distributions de tous les jours, de tous les momens, sur tous les lieux. Elles se sont adressées aux passions populaires qu'elles essaient de corrompre, et de mettre constamment en mouvement.

» Le pouvoir, Messieurs, manquerait essentiellement à sa mission s'il n'opposait pas de digues à ce nouveau débordement. Son devoir lui commandait d'user de toutes les ressources que la loi a mises à sa disposition, et c'est sans doute parce qu'il l'a compris qu'il a soulevé tant de haines contre lui.

» Il ne faut pas s'y tromper, Messieurs, tout ce que la justice aurait fait contre la licence de la presse et contre les associations politiques tant redoutées en France, serait perdu si l'on pouvait si facilement s'adresser aux susceptibilités populaires, en peignant chaque jour à des ouvriers leur position, comparée à celle d'une classe d'hommes plus élevée de la société, en leur répétant qu'ils sont hommes comme eux, et qu'ils ont droit aux mêmes jouissances, en leur disant mensongèrement qu'une autre forme de gouvernement leur procurerait, sans travail, ou avec un travail moindre, les jouissances de la fortune. On parviendrait à les égarer, à les amener d'abord à des coalitions comme celles dont nous avons été les témoins, et ensuite à des attaques qui compromettraient la propriété.

» Messieurs, permettez-moi de le dire, c'est de haut qu'il faut examiner cette question. Une contravention ordinaire, sans influence immédiate sur le repos de la société, se juge d'après le texte littéral de la loi. Une contravention, qui a pour but d'attaquer la base du gouvernement établi, et surtout, nous en donnerons la preuve dans la discussion, le repos de la société, se décide par des raisons politiques, et plus encore par l'esprit de la loi que par son texte littéral.

» On ne repousse les ruses et les supercheries des partis que par l'esprit de la législation qui est essentiellement conservatrice. C'est, Messieurs, ce que vous jugerez, au moins nous en avons l'espérance, à l'égard du crieur Delente, qui n'est ici que le représentant de trois mille crieurs environ, jetés sur le pavé de Paris par la *Société des droits de l'Homme*. Sa contravention, comme celle des autres crieurs, est patente. Nous allons essayer de vous le démontrer, et surtout de faire passer dans vos esprits cette conviction qui est dans le nôtre ; et, par ces résultats certains, vous arriverez à infirmer la décision qui vous est soumise sur l'appel de M. le procureur du roi. »

M. le procureur-général reproduit ici la discussion qui a eu lieu le 19 septembre. En rendant compte de l'affaire du crieur Boudin, le sieur Delente n'a pas fait, comme l'ont supposé les premiers juges, tout ce qu'il pouvait faire. Il devait faire comme le sieur Rodde, gérant du *Bon Sens*, qui, ayant éprouvé le refus du visa de la part du commissaire de police, s'est adressé à l'autorité judiciaire.

Le colporteur d'écrits publics est dans le même cas où se trouverait un garde du commerce chargé de mettre à exécution un jugement entraînant contrainte par corps. Si le juge refusait à tort ou à raison son visa, il devrait assigner en justice le juge-de-paix. Si après le jugement rendu en faveur du colporteur, le temps opportun pour son imprimé était passé, il aurait une action en dommages et intérêts contre le commissaire de police.

Mais ce danger n'est point à craindre ; les commissaires de police sont évidemment fondés à refuser les visa à de pareils écrits. Quoiqu'en aient dit les premiers juges, ce n'est point seulement par exception à la loi du timbre que les

journaux y sont soumis : c'est, au contraire, parce que le
timbre est la règle générale, sauf les exceptions établies dans
différentes lois relatives au règlement du budget. Les colporteurs qui vendaient en même temps que Delente l'écrit
intitulé: *Pourquoi nous sommes Républicains?* l'ont bien senti.
Deux de ces hommes ont consenti à faire timbrer leur écrit,
et ont obtenu la permission de le vendre ; Delente seul s'est
refusé à l'exécution de la loi ; il s'est ainsi constitué en contravention flagrante.

L'écrit dont il s'agit contient des annonces, et par cela seul
il devrait être soumis au timbre. On y trouve en effet un
catalogue des écrits publiés par la *Société des Droits de
l'Homme*, au prix d'un sou la pièce. Le prix de la cen-
taine est d'une extrême modicité ; le prix de cent exemplaires de l'écrit dont Delente a été trouvé porteur est de
1 fr. 25 c.

Mais de plus cet écrit est assujetti au timbre, en vertu de
l'art. 70 de la loi du 28 avril 1815. Il fait partie des nombreux écrits publiés périodiquement, portant en tête *Société
des Droits de l'Homme*, et au-dessous des titres, qui varient
dans les divers numéros, mais qui présentent manifestement
la continuation d'un seul et même journal. Cette publication
est donc une fraude commise à la loi relative au timbre des
journaux. Les membres de la *Société des Droits de l'Homme*
ont fait la déclaration prescrite par la loi d'octobre 1830
pour vendre publiquement leurs écrits dans les rues. Ils en
sont ainsi à la fois les auteurs et les distributeurs.

» Lorsque des plaidoiries ardentes ont été prononcées devant les tribunaux dans des procès politiques, non plus à
Paris, heureusement, mais en province, la société des Droits
de l'Homme les fait aussitôt réimprimer et distribuer avec
profusion. C'est ainsi qu'on a reproduit et crié dans les rues
de la capitale, un plaidoyer prononcé dans l'affaire du *Propagateur du Pas-de-Calais* ; c'est encore par la même fraude qu'on a imprimé sans timbre et à 24,000 exemplaires,
une lettre récente de M. de Cormenin, extraite du *Courrier
français*.

» Delente n'est pas seulement en contravention avec la
loi d'octobre 1830, mais avec les lois de l'an XI, de l'an
VII et de 1816, pour distribution d'écrits non timbrés. La
peine prononcée par ces lois et une peine de simple police
dont M. le procureur-général réclame l'application.

» Dira-t-on que la police correctionnelle n'ayant été saisie, par l.arrêt du renvoi de la chambre d'accusation de la Cour royale, que d'un délit relatif à l'infraction commise à la loi de 1830 , la Cour est incompétente pour statuer sur les contraventious aux lois de police? Cette objection doit tomber devant une disposition précise du Code d'instruction criminelle, devant l'article 213 qui autorise en pareil cas à prononcer une peine de police municipale.

» Nous aurons terminé ici notre tâche, dit M. le procureur-général, si nous n'étions pas dans la nécessité de vous demander la plus prompte décision. Vous avez vu dans certains journaux que l'autorité administrative était présentée comme étant en lutte avec l'autorité judiciaire. Des *milliers* de jugemens, a-t-on dit, sont rendus tous au profit des crieurs, et le pouvoir ne s'arrête pas? On ne dit pas que ces milliers de jugemens se réduisent à un petit nombre de jugemens et d'arrêts qui même ne sont pas d'accord entre eux, car il y a diversité dans la jurisprudence; on ne dit pas que la question n'est pas encore jugée, et l'on fait dans ces mêmes journaux l'annonce que vous allez connaître: vous verrez si elle n'est pas de nature à porter le trouble dans la capitale et dans le royaume out entier.

» Un M. Rodde, gérant du journal *le Bon Sens*, s'est fait crieur public; il a voulu vendre sans timbre le procès du *Propagateur*; il a été saisi ; il a introduit un référé. M. le président du Tribunal de première instance a prononce en sa faveur, et a ordonné la restitution des exemplaires saisis; mais ce qu'on ne dit pas , c'est qu'il y a appel, et que la décision est encore pendante. Hé bien, malgré cette litispendance, M. Rodde a fait insérer dans les journaux la lettre suivante :

Paris, 8 octobre 1833.

Monsieur le rédacteur,

La question du colportage des imprimés sur la voie publique est une question de liberté de la presse, réglée par la loi du 10 décembre 1830.

Contrairement aux dispositions de cette loi qui n'impose aux distributeurs d'autre condition que celle de déposer entre les mains de l'autorité municipale un exemplaire de chaque imprimé qu'ils se proposent de distribuer sur la voie publique, M. Gisquet exige que les distributeurs ne vendent qu'après avoir obtenu le *visa* de ses agens, et MM. les commissaires de police ont ordre de le refuser et le refusent pour tout imprimé qui n'a pas été préalablement soumis au timbre.

C'est un impôt forcé que M. Gisquet s'arroge le droit de prélever sur la publicité des rues.

Les tribunaux ont fait cent fois justice de cette prétention illégale ; mais ils n'ont pu réussir à imposer à M. Gisquet le frein de la loi. Tout récemment je viens d'obtenir contre M. Bro, commissaire de police, une ordonnance de la chambre des référés qui enjoint à cet agent de l'autorité de restituer trente-sept exemplaires illégalement saisis d'une brochure ayant pour titre : *Procès à la presse patriote.*

Loin de satisfaire aux prescriptions de cette ordonnance, M. Bro a tenu à prouver qu'il professait pour elle le plus souverain mépris, et aujourd'hui il a saisi la même brochure entre les mains d'un colporteur attaché à l'administration du *Bon Sens.*

Je laisse à la magistrature le soin de venger sa propre dignité de l'insolence et des outrages d'un agent de police : quant à moi, j'ai promis de défendre mon droit et je tiendrai parole.

Veuillez, Monsieur, me prêter la publicité de votre feuille pour informer le public que *dimanche prochain, à deux heures après midi,* j'irai sur la *place de la Bourse* distribuer moi-même la brochure en question et telle autre que bon me semblera.

» Je résisterai à toute tentative de saisie et d'arrestation arbitraire ; je repousserai la violence par la violence, et j'appellerai à mon aide tous les citoyens qui croient encore que la force doit rester à la loi.

Qu'on y prenne garde ! la pertubation, s'il y en a, ne viendra pas de mon fait ; je suis sur le terrain de la légalité, et j'ai le droit d'en appeler au courage des Français, j'ai le droit d'en appeler à l'insurrection : dans ce cas, elle sera, ou jamais non, *le plus saint des devoirs.*

» S'il y a du sang versé, qu'il retombe sur M. Gisquet ! S'il avait du cœur, il se mettrait lui-même à la tête des sicaires qu'il enverra contre moi !

» Agréez, Monsieur, l'hommage de ma haute considération.

» Le directeur du journal le *Bon Sens,* V. Rodde. »

» Je vous demande, Messieurs, si après de pareilles publications, vous pouvez retarder la justice que nous demandons.

ARRÊT DE LA COUR ROYALE.

La Cour,

« Considérant qu'il est constant en fait, et reconnu d'ailleurs par le commissaire de police chargé de représenter en cette partie l'autorité municipale, que Delente a fait la déclaration et effectué la remise prescrite par l'art. 3 de la loi du 10 décembre 1830; qu'il n'a point commis d'autre contravention à cette loi, aux prescriptions de laquelle les actes de l'administration n'ont pu rien ajouter de nature à déterminer l'application des dispositions pénales de ladite loi, application qui doit être restreinte aux infractions qu'elle prévoit ;

» Attendu que si Delente, en crian tl'écrit dont il s'agit, avait commis un délit ou une contravention prévue par une autre loi, il n'en résulterait pas qu'on pût, à raison de cet autre délit ou de cette autre contravention, requérir contre lui l'application des dispositions pénales de la loi du 10 décembre 1830, applicable à des infractions spéciales.

» En ce qui touche l'application de l'article 69 de la loi du 28 avril 1816 ; attendu qu'il n'y a d'autres objets soumis aux droits du timbre que ceux qui y sont expressément assujétis par la loi;

» Attendu que le ministère public requiert l'application de l'art. 69 de la loi du 28 avril 1816 sur le fondement que l'écrit dont il s'agit serait un avis imprimé;

» Attendu que cet écrit ne doit pas être considéré comme un avis imprimé, que les articles 1er de la loi du 6 prairial an VII et 66 de la loi du 28 avril 1816, relatifs aux avis et annonces, ne peuvent donc s'appliquer à un pareil écrit, qu'aucune autre disposition de la loi n'assujétit d'ailleurs au timbre ; que si l'art. 69 de la loi du 28 avril 1816 se sert du mot générique d'*imprimés* ; d'une part, il se réfère évidemment aux dispositions précédentes, qui déterminent la nature des imprimés sujets au timbre; qu'il est effectivement question dans cet article, non pas de ceux qui font imprimer, mais seulement de ceux qui font *ainsi* distribuer des imprimés, ce qui indique clairement la corrélation avec les dispositions précédentes ;

» Considérant d'autre part que cette expression générique *imprimés*, insérée dans l'art. 69, s'explique encore si l'on considère qu'il n'est pas seulement question dans cet article

de la distribution des avis et annonces , mais aussi des affiches , dont aucune, quelle qu'elle soit , si ce n'est celles
de l'autorité publique , n'est exempte du timbre;

» En ce qui concerne la question relative audit écrit,
considéré comme périodique , et réputé tel ;

» Considérant que lors même , ce que rien n'indique,
que cet écrit considéré soit isolément , soit en le rattachant
à d'autres élémens, pourrait être considéré écrit périodique
sujet au timbre, ou écrit assimilé aux écrits périodiqnes ,
la juridiction correctionnelle ou de police municipale serait
incompétente, puisque l'application de l'art. 474 du code
pénal , basée sur l'art. 69 de la loi du 28 avril 1816, ne peut
avoir lieu à l'égard des écrits périodiques dont il est question seulement dans un article postérieur de la même loi ,
c'est-à-dire l'article 70 , et qui restent naturellement soumis
à la juridiction des tribunaux civils établis à cet égard sur
la législation spéciale et par l'art. 76 de la loi du 28 avril
1816 ;

» Met l'appellation au néant; ordonne que ce dont est
appel sortira son plein et entier effet , et que Delente sera
de suite mis en liberté, s'il n'est retenu pour autre cause. «

<hr>

OPINIONS DIVERSES DES JOURNAUX.

JOURNAUX PATRIOTES.

M. Rodde, directeur du *Bon Sens*, avait inséré ce matin dans
ce journal, une profession de foi très expresse sur les intentions dans lesquelles il irait distribuer lui-même dans la rue
une brochure insaisissable, aux termes de la loi proclamée
par la magistrature. Il voulait, disait-il, faire respecter le
droit reconnu par l'arrêt de la cour royale, et non pas faire
de l'émeute. Il protestait contre toute tentative d'action en
dehors de la résistance légale ; mais il déclarait de nouveau
qu'il pousserait cette résistance jusqu'au bout, fallût-il repousser la force par la force.

Toutefois, avant d'exécuter la résolution qu'il avait prise,
M. Rodde s'est assuré que, malgré les injonctions du jugement en référé, la police s'obstinait à garder en prison ses
colporteurs, à retenir les brochures saisies, et à refuser le
visa pour le dépôt.

Dès le matin, quelques crieurs du *Bon Sens* sont venus stationner sur la place de la Bourse, où la foule s'est portée; ils ont vendu un nombre considérable d'exemplaires du numéro d'aujourd'hui et de l'arrêt de la cour, et de diverses autres publications. A deux heures, M. Rodde est arrivé, vêtu de la blouse, comme les colporteurs ordinaires de son journal, sur son chapeau étaient inscrits ces mots : *Publications patriotiques*. Il a distribué lui-même un certain nombre d'exemplaires.

En ce moment la place était remplie de monde. M. Rodde a été accueilli par des cris multipliés de : *Vive la liberté de la presse!* Après être resté environ un quart-d'heure sur la place, il s'est retiré escorté d'une foule nombreuse de citoyens qui rendaient hommage à sa conduite par de très vives acclamations.

Pressé par une foule pleine d'enthousiasme et de sagesse patriotique tout à la fois, ou plutôt porté par les citoyens, ce n'est pas sans peine qu'il a pu gagner la rue Richelieu. Là, dévalisé, pour ainsi dire, des brochures qu'il vendait, par l'avidité des acheteurs, il s'est retiré chez Lointier qui a fait fermer ses portes. M. Rodde a paru aussitôt après au balcon, d'où il a prononcé la courte allocution suivante:

« Citoyens,

« C'est pour assurer le triomphe de la loi indignement violée par la police, que je suis descendu sur la place publique. La démonstration que j'ai faite a produit le meilleur effet ; n'en détruisons pas le résultat par une manifestation dont le pouvoir pourrait tirer parti contre la liberté. L'émeute serait pour lui une belle occasion de prendre sa revanche de la défaite qu'il vient d'éprouver. Soyons calmes ; c'est le meilleur moyen de prouver notre force. Au nom de l'honneur, je vous prie de vous retirer. »

Tout cela s'est passé sans désordre, sans inquiétude pour les habitans du quartier, sans émeute, en un mot. C'est qu'il n'a paru là ni troupes ni gendarmes. La police, pour la première fois, a eu la prudence de ne pas intervenir. Dans bien des occasions, où le sang a coulé depuis trois ans sur le pavé de Paris, on n'aurait pas eu à déplorer ce triste résultat, si la police avait agi avec la même réserve qu'aujourd'hui.

Mais nous devons surtout rendre hommage à la conduite des citoyens qui se pressaient sur la place autour de M. Rodde. Il y a eu dans cette manifestation publique de l'élan et de la chaleur, mais aussi de la dignité et de la gravité. C'est ainsi que nous aimons que les droits et les devoirs écrits dans la loi soient compris par le peuple. Il y a là une preuve du progrès dont nous parlions naguère, et que nous sommes heureux d'avoir à constater de nouveau. L'éducation constitutionnelle du peuple est bien avancée, lorsqu'il peut paraître en masse dans la rue et vivre de la vie publique, sans qu'il y ait, dans son action politique, danger pour l'ordre et pour la loi. *(Messager.)*

Ils ne sont pas tous morts les combattans de juillet qui brisèrent un trône pour faire respecter leurs droits : ils ne sont tous conquis au juste-milieu; les argumens du ministre des finances trouvent encore bon nombre de revêches, et le pouvoir a pu se convaincre aujourd'hui que le peuple bourgeois, artisan, ouvrier, se retrouverait encore dans la rue, s'il devenait nécessaire d'y descendre. pour imposer à nos faiseurs de coups d'état au petit pied, l'obligation de respecter nos lois.

Mais c'est une bravade, diront demain certains journaux, bravade dont la police n'avait point à s'occuper; *la loi est pour les crieurs, quand on a pour soi la loi, les tribunaux et les hommes sensés, c'est folie de gâter cette belle position.* (*Constitutionnel* de ce jour). Est-elle donc gâtée la position, parce que M. Rodde a prouvé en homme de cœur qu'il savait tenir ses promesses ? Bien au contraire, elle devient plus belle, car si les hommes de police qui n'ont pas osé porter la main sur M. Rodde, arrêtent à l'avenir un crieur *lorsqu'il sera légalemrnt en règle,* comme la chose est arrivée plus de deux cents fois aux crieurs du *Bon Sens,* du *Populaire* et de la *Propagande.* ce citoyen saura qu'il est dans son droit, et que son devoir est de faire respecter ce droit : l'exemple de M. Rodde sera un antécédent dont on doit tenir note de part et d'autre.

Et en quoi, s'il vous plaît, la présence de cinq ou six mille citoyens sur la place de la Bourse a-t-elle gâté la belle position de la presse populaire ? En quoi cette réunion ressemblait-elle à une émeute ? L'ordre le plus parfait n'a-t-il pas régné, tout ne s'est-il pas passé avec convenance ? c'est que la police n'était pas là ostensiblement, avec ses épées du pont d'Arcôle, ou ses bâtons d'assommeurs enrégimentés; c'est que la police n'était là que timide et déguisée : eh bien, l'on se montrait du doigt ces hommes que la faim classe dans la grande bande des mouchards; mais pas un n'a été outragé : un regard de mépris, de pitié, leur apprenant qu'ils étaient connus, ils se retiraient à l'écart.

Et lorsque Rodde a paru, avez-vous entendu ces *vivats* et ces *bravos*? Oh le peuple a instinct de ce qui est acte de courage, acte de bon citoyen, lui, il n'a pas d'encens pour ce qui est fanfaronade... et voyez comme il a applaudi, comme il a montré sa vive sympathie.

Le 13 octobre n'est pas une journée perdue : la presse victorieuse par la loi a affermi son triomphe , elle a imposé à la police le respect forcé pour la chose jugée : et qu'on ne nous dise pas que d'avance la police avait déclaré qu'elle respecterait l'arrêt; nous répondrions que M. Gisquet a méprisé les arrêts rendus en référé; certes ce n'est pas sur la parole du *Journal de Paris* que nous devions croire que M. Gisquet serait plus docile envers un arrêt de la Cour royale; à moins que le *Journal de Paris* ne nous déclare d'une manière positive qu'il est le journal officiel de la rue de Jérusalem; c'est qu'on le lui dirait en effet en lisant les quelques lignes suivantes de son numéro de ce jour.

« La *Tribune* termine enfin en annonçant que dimanche
» M. Rodde fera acte de bon citoyen en criant son journal
» sur la place de la Bourse; nous lui prêterons main forte ,
» dit le journal républicain. Cette belliqueuse déclaration
» n'a qu'un tort, c'est de venir après l'avis inséré dans notre
» numéro d'hier, dans lequel nous annonçons que le gou-
» vernement surseoit à toutes poursuites. »

Nous ANNONÇONS , et qui vous a donné ce mandat? Etesvous donc succursale officielle du *Moniteur officiel*, êtes-vous co-adjuteur de M. Agasse.... A l'avenir nous nous le tiendrons pour dit, les avis du *Journal de Paris* sont des avis ministériels.

(Tribune).

RÉSISTANCE LÉGALE A L'ARBITRAIRE.

L'affaire des crieurs publics, dans laquelle le courage de quelques citoyens a lutté contre la violence obstinée de la police, a pris chaque jour une nouvelle gravité. Cent fois, au mépris des jugemens rendus par les tribunaux, M. Gisquet ou ses agens avaient mis en état d'arrestation les crieurs qui vendaient sur la voie publique des écrits non timbrés auxquels ces agens eux-mêmes avaient refusé le visa. Nous nous sommes occupés récemment de la déclaration de M. Rodde, qui, ayant épuisé tous les moyens réguliers d'obtenir justice, avait résolu d'aller vendre lui-même ses brochures, à une heure et dans un lieu désignés d'avance, prêt à recourir à la force pour soutenir son droit. Depuis, est intervenu l'arrêt de la cour royale, rendu en opposition aux conclusions de M. Persil, dans l'affaire Delente. En donnant le texte de cet arrêt, nous avons fait connaître l'engagement de M. Persil, qui promettait de suspendre toute poursuite et de se conformer à la décision des tribunaux, jusqu'à ce que la cour de cassation eût prononcé sur son appel.

Convaincus du droit de M. Rodde, nous n'avions point voulu néanmoins l'engager dans une résistance qui pouvait être mal comprise et mal soutenue par une partie de la population. D'autres, confondant sa situation avec celle de Delente, semblaient encore douter de ce droit, et lui disaient : « Les tribunaux ne rendent plus des arrêts de règlement ; un jugement de police correctionnelle ne vaut aujourd'hui que pour la cause spéciale sur laquelle le tribunal a prononcé. Or, ce qu'a fait un jugement, d'autres jugemens peuvent le défaire; vous devez donc épuiser toutes les voies judiciaires, jusqu'au recours en cassation, avant d'en venir aux moyens extrêmes. » M. Roddè a répondu qu'il ne s'agissait pas pour lui d'un droit contestable ou contesté, mais d'un arrêt de justice, exécutoire, *nonobstant appel ou opposition*, arrêt qui lui donnait le pouvoir de requérir au besoin la force publique, et dont l'autorité était cependant méconnue par M. Gisquet. Que restait-il à faire à M. Rodde ? Il ne pouvait obtenir des tribunaux plus qu'il n'avait obtenu. Une ordonnance de référé doit être exécutée tout aussi bien qu'un arrêt de cassation. C'était bien le cas ou jamais de se prévaloir d'un droit manifeste.

En outre, malgré l'arrêt de la cour royale et les engagemens de M. Persil, M. Rodde avait inutilement réclamé la mise en liberté de ses crieurs arrêtés le jour même où l'arrêt était rendu : refus d'élargissement, refus de restituer les brochures saisies, refus d'apposer le visa, enfin toutes les violations de la loi qui avaient précédé la décision de la cour royale.

Dans cette position, M. Rodde a cru qu'il était de son devoir de persévérer dans la résolution qu'il avait prise, et de donner , à ses risques et périls , un exemple de résistance légale. Il est donc venu, comme il l'avait annoncé, sur la place de la Bourse , à deux heures précises, portant la blouse et les autres signes distinctifs qui font reconnaître les crieurs du *Bon Sens.* La foule, qui, depuis dix heures du matin, stationnait sur cette place, était si considérable en ce moment, que la circulation était tout-à-fait suspendue. On s'est pressé sans désordre, mais avec les marques d'une vive approbation, autour du directeur du *Bon Sens* , qui a distribué les écrits frappés d'interdiction par l'arbitraire de M. Gisquet, et qui s'était mis en mesure de résister énergiquement à la violence.

Pas un cri n'a été poussé, aucune agitation , aucun trouble. La population d'ouvriers et de jeunes gens qui encombrait les environs de la place a compris qu'il importait de ne compromettre, par aucune imprudence, cette manifestation toute légale. Après avoir reçu les brochures ou témoigné son approbation, elle s'écoulait dans un calme admirable. En s'associant, pour ainsi dire, à la courageuse résistance de M. Rodde, en faisant ses efforts pour que cette manifestation ne sortît pas des termes qu'il avait posés lui-même, elle a montré une intelligence et une sagesse qui font bien augurer de l'avenir de la liberté.

M. Rodde, épuisé par une affluence qui se renouvelait sans cesse, a quitté la place de la Bourse en se dirigeant , par la rue Feydeau et la rue Richelieu , vers les boulevards ; mais la foule grossissant toujours, M. Rodde s'est arrêté, et a adressé aux citoyens qui l'entouraient une allocution qui a été couverte d'applaudissemens , et dont l'intention à été à l'instant exécutée.

Ainsi, grâce à cette fermeté pleine de modération, la presse est sortie victorieuse d'une nouvelle épreuve. Aucun accident n'est venu, fort heureusement, donner des apparences d'émeute à un acte qui vengeait à la fois le droit des citoyens et l'autorité de la justice. Plusieurs officiers de la garde nationale de service avaient hautement annoncé que, si leur intervention était réclamée , ils ne prendraient point partie pour la police contre la loi. M. Gisquet et ses supérieurs auront sans doute connu ces dispositions, et ils n'auront pas jugé à propos d'engager, pour cette fois, un conflit qui devait tourner à leur confusion. Puisse cette leçon n'être pas oubliée et apprendre aux citoyens, si elle n'instruit pas le pouvoir, que la loi n'a de force contre l'arbitraire qu'autant qu'ils savent eux-mêmes la faire respecter !   (*National.*)

— M. Rodde, directeur du *Bon Sens*, avait inséré ce matin dans ce journal une profession de foi très-expresse sur les intentions dans lesquelles il irait distribuer lui-même dans la rue une brochure insaisissable, aux termes de la loi proclamée par la magistrature. Il voulait, disait-il, faire respecter le droit reconnu par l'arrêt de la cour royale, et non pas faire de l'émeute. Il protestait contre toute tentative d'action en dehors de la resistance légale; mais il déclarait de nouveau qu'il pousserait cette résistance jusqu'au bout, fallût-il repousser la force par la force.

Toutefois, avant d'exécuter la résolution qu'il avait prise, M. Rodde s'est assuré que, malgré les injonctions du jugement en référé, la police s'obstinait à garder en prison ses colporteurs, à retenir les brochures saisies, et à refuser le visa pour le dépôt.

Dès le matin, quelques crieurs du *Bon Sens* sont venus stationner sur la place de la Bourse, où la foule s'est portée; ils ont vendu un nombre considérable d'exemplaires du numéro d'aujourd'hui et de l'arrêt de la cour, et de diverses autres publications. A deux heures, M. Rodde est arrivé, vêtu de la blouse, comme les colporteurs ordinaires de son journal; sur son chapeau étaient inscrits ces mots : *Publications patriotiques*. Il a distribué lui-même un certain nombre d'exemplaires.

Sa distribution faite sans avoir éprouvé aucun obstacle, ce qui a duré environ une demi-heure, M. Rodde s'est vu entouré d'une telle foule de curieux, qu'il a jugé convenable de se retirer, ce n'est pas sans peine qu'il a pu gagner la rue Richelieu. Là, dévalisé, pour ainsi dire, des brochures qu'il vendait, par l'avidité des acheteurs, il s'est réfugié chez Lointier qui a fait fermer ses portes. M. Rodde a paru aussitôt après au balcon d'où il a prononcé une courte allocution.

A la nuit tombante, quelques troupes sont venues stationner sur la place et y faire des patrouilles. Les groupes de curieux allaient et venaient du reste sans obstacle, et le bon ordre n'a pas été troublé un instant. Ce matin, un assez grand nombre de gardes nationaux, notamment de la 2ᵉ légion, avaient été commandés extraordinairement de service. Les billets portaient : « Pour piquet de sûreté. » Les compagnies de la 2ᵉ légion sont restées toute la journée à l'état-major de la légion, rue Grange-Batelière. *(Courrier Français.)*

Ayant acquis la certitude que les crieurs du *Bon Sens* avaient éprouvé un nouveau refus de visa, nonobstant l'arrêt de la cour royale qui était intervenu en leur faveur depuis sa récente déclaration dans les journaux, et concluant de cette circonstance, autant que de la détention arbitraire de quelques autres crieurs arrêtés avant ledit arrêt et non encore relâchés, M. Rodde s'était cru fondé à penser que la police voulait persister, malgré la promesse contraire des journaux ministériels, à ne tenir aucun compte de la loi et des arrêts de la magistrature.

En conséquence, il avait déclaré de nouveau dans le *Bon Sens* d'hier, qu'il irait, à deux heures précises, distribuer lui-même uue brochure sur la place de la Bourse.

Cette annonce avait attiré, dès midi, sur la place, une affluence considérable. A une heure et demie, il y avait huit ou dix mille citoyens assemblés ; nous ne croyons pas cette évaluation exagérée, quoiqu'un journal du soir en donne une bien moins élevée. On remarquait, au milieu de la foule, un grand nombre d'élèves de l'Ecole Polytechnique, et de gardes nationaux en costume, mais sans armes. Toutes les fenêtres étaient garnies de spectateurs, et surtout de dames. Cette immense réunion semblait attendre avec impatience l'heure fixée pour ce champ-clos entre un citoyen armé de son droit et le pouvoir armé de sa force.

A deux heures précises, M. Rodde a paru avec le costume des crieurs du *Bon Sens*. Aussitôt il a été salué par des *vivats* et des applaudissemens qui se sont propagés jusqu'aux extrémités de la place. Les chapeaux étaient levés en l'air, et les mouchoirs étaient agités aux fenêtres. La foule, qui garnissait ce vaste emplacement jusque dans ses moindres recoins, et qui s'étendait au loin dans les rues adjacentes, n'avait qu'une voix pour applaudir le courageux citoyen qui venait ainsi constater solennellement, le triomphe du droit sur la force.

Les bravos se sont prolongés jusqu'au moment où M. Rodde, après avoir achevé la distribution des brochures dont il était porteur, a gagné la rue Richelieu. Entouré par une affluence toujours croissante qui semblait plutôt le porter que l'accompagner, il est entré chez Lointier restaurateur, et du haut du balcon, il a remercié les assistans de l'aide qu'ils venaient de lui prêter, en les engageant à se retirer en silence, afin qu'aucun trouble ne vînt détruire l'effet moral de cette imposante manifestation. La foule s'est alors dissipée, sans qu'il en soit résulté le moindre désordre.

La police n'a point entravé M. Rodde dans sa distribution : elle s'était même abstenue, autant que nous avons pu en juger, de déployer cet appareil ordinaire de forces qui semble destiné trop souvent à provoquer de fâcheuses collisions. Ces inspirations de modération et de prudence, lui viennent trop rarement, pour que nous ne devions pas lui en tenir compte, quand une fois l'occasion s'en présente.

Le soir, quelques patrouilles ont parcouru le quartier de la Bourse, et ont fait évacuer la place par les grouppes qui l'occupaient encore. Les citoyens se sont retirés avec calme, et nous n'avons pas appris que l'ordre ait été troublé sur aucun point. *(Charivari.)*

Cette mémorable journée marquera dans les annales de notre histoire ; jamais mouvement populaire ne fut plus calme, plus décent, plus *comme il faut*. Nous formons même des vœux pour que de pareilles émeutes se renouvellent. Le peuple apprendra dans ces paisibles attroupemens l'art de se conduire en société :

La mère, sans danger, y conduira sa fille.

(*Vert-Vert.*)

JOURNAUX DU TIERS-PARTI.

Jamais, depuis les journées de juillet, on n'avait vu pareille affluence sur la place de la Bourse. Vers deux heures surtout, le quartier était inabordable. Un nombre immense de personnes de tous rangs et de tous états voulaient voir M. Rodde acquitter sa promesse de venir lui-même distribuer le *Bon Sens*. Il est en effet arrivé vers deux heures, revêtu du costume ordinaire des distributeurs de ce journal, avec la blouse et le chapeau ciré. Il n'a pas rencontré le plus

petit obstacle, et, son droit constaté par la vente d'un pa-
quet de journaux, il s'est retiré chez lui , rue Richelieu , au
milieu des *vivats* en l'honneur de la liberté de la presse.
Rentré à sou domicile, M. Rodde a invité les assistans qui se
pressaient sous ses fenêtres, à se retirer. Mais il a pu dès lors
juger qu'il est plus facile d'appeler les curieux sur la place
publique que de les faire rentrer chez eux. Aussi la foule
était-elle encore très grande vers neuf heures du soir. Alors
des patrouilles assez nombreuses à pied et à cheval ont parcouru le quartier, et la foule s'est écoulée lentement, en
poussant des cris de diverses natures.

Des dispositions militaires avaient été faites sur une assez grande échelle : on avait commandé des piquets de sûreté dans la garde nationale ; mais nous devons dire à la
louange de l'autorité, que la police surveillante, sans doute,
n'a pas fait sentir son action durant toute la journée. On
peut dire littéralement que pendant tout ce temps la voie publique a appartenu aux crieurs d'imprimés, et ils ont eu un
débit immense. A dix heures il restait peu de curieux, et à
minuit, au moment où nous écrivons, tout est rentré dans
l'ordre accoutumé.   (*Commerce.*)

L'autorité se tenait renfermée dans une attitude d'obser-
vation ; la police ne paraissait nulle part, du moins avec
son costume officiel aussi le rassemblement ne s'est-il point
changé en émeute. On a vu un officier de la garde nationale
pénétrer dans les groupes avec deux gardes nationaux sans
armes, et arrêter sans résistance quelques pertubateurs dé-
savoués par la population qui les entourait. Ce fait remar-
quable témoigne du progrès de nos mœurs politiques. La
journée ne sera point perdue si elle sert à constater qu'il
n'y a point de passions, de partis, ni d'autorité qui puissent
prévaloir contre l'ordre légal.

Le progrès que nous signalons n'est pas sans mélange de
résultats fâcheux. L'autorité a reçu aujourd'hui plus d'une
humiliation ; et, quelles que soient les fautes de l'autorité,
on doit déplorer cet abaissement dans les dépositaires du
pouvoir social. Voilà ce qui prouve bien que le gouvernement n'existe et n'est quelque chose que par la loi. Que de-
vient-il en effet le jour où l'on peut crier dans les rues : « *Arrêt de la cour royale contre les prétentions de M. Gisquet, qui
faisait arrêter arbitrairement les colporteurs d'écrits impri-*

més, sous *le prétexte du timbre.* » Quand la force morale se
retire du pouvoir, que lui sert d'avoir la force matérielle ? Il
est réduit à vivre inaperçu et à se cacher dans les casernes,
de peur qu'en lui lisant sa condamnation en face, on ne le
cloue au pilori de la publicité.

(Constitutionnel.)

❦

JOURNAUX MINISTÉRIELS.

— M. Rodde s'est transporté aujourd'hui, à deux heures,
sur la place de la Bourse, pour y distribuer son journal,
ainsi qu'il l'avait annoncé. Il était accompagné de plusieurs
personnes. La distribution a eu lieu sans aucune opposition, au milieu d'une assez grande affluence d'assistans,
qui, la plupart, paraissent n'avoir été attirés que par la
curiosité.

(Journal de Paris.)

— M. Rodde, directeur du *Bon Sens*, s'est transporté aujourd'hui, à 2 heures, sur la place de la Bourse, pour y distribuer sa feuille, ainsi qu'il l'avait annoncé dans quelques
journaux. Il était vêtu d'une blouse de colporteur, et portait
un chapeau verni, sur lequel on lisait ces mots : *Publications
patriotiques.* La distribution a eu lieu, sans aucune opposition, au milieu d'une prodigieuse affluence d'assistans, dont
un grand nombre criaient : *Vive la liberté de la presse !* Au
bout d'un quart d'heure, M. Rodde, que la foule pressait de
toutes parts, s'est rendu, par la rue Feydeau, dans la rue
Richelieu ; et arrivé devant la maison du restaurateur Lointier, il a pris le parti, pour se soustraire enfin à l'ovation ac-
cablante dont il était l'objet, de monter au balcon du res-
taurant, et de haranguer la multitude, qui s'est séparée au
même instant sans désordre.

(Moniteur du Commerce.)

Malgré les tentatives des républicains pour amener aujourd'hui des discordes ; malgré l'appel réitéré de M. Rodde,
aidé de toutes les feuilles dites populaires, la journée s'est
passée avec le plus grand calme. A l'exception de groupes de
curieux qui se sont formés et succédés sur la place de la

Bourse, rien n'a été changé à la physionomie ordinaire de Paris le dimanche. Nous n'avons pas aperçu M. Rodde.

(*Chronique.*)

Note de l'éditeur. — M. le rédacteur de la *Chronique* était sans doute dans sa cave.

JOURNAUX LÉGITIMISTES.

— Aujourd'hui à deux heures précises, M. Rodde s'est rendu, ainsi qu'il l'avait annoncé, sur la place de la Bourse. Près de 3,000 personnes, la plupart jeunes gens, s'étaient trouvées au rendez-vous donné par le rédacteur du *Bon Sens*. Ce rassemblement était sans armes ; on n'y voyait pas même un seul bâton. Au moment où M. Rodde a paru, un *vivat* général s'est fait entendre, et la foule l'a pressé de toutes parts. Elevé dans les bras de quelques-uns de ses amis, il a été de nouveau salué par les acclamations de tout ce qui était sur la place, puis reconduit à sa demeure, rue de Richelieu, avec les mêmes démonstrations. Aucune force armée, ni les agens de la police n'ont paru sur la place ou à proximité, et les crieurs d'imprimés vaquaient paisiblement à leur distribution. A deux heures et demie, la voie publique était presque entièrement évacuée. (*Gazette.*)

— Un spectacle assez étrange a été donné aujourd'hui à la capitale. M. Rodde, rédacteur du *Bon Sens*, journal républicain, s'est porté sur la place de la Bourse, comme il l'avait annoncé dans plusieurs journaux, et là, accompagné de ses porteurs, il a distribué son journal et diverses publications. Un rassemblement considérable s'est aussitôt formé, et la foule a témoigné sa sympathie à M. Rodde en le portant pour ainsi dire en triomphe. Celui-ci s'est retiré chez le restaurateur Lointier, et, du haut d'un balcon, il a adressé au peuple une allocution.

D'abord l'autorité s'était prudemment abstenue de toute intervention de la force armée ; mais, dans la soirée, le mouvement lui paraissant de nature à prendre une grande extension, elle a envoyé sur les lieux des détachemens de troupes qui ont essayé, mais avec peu de succès, de faire évacuer la place.

Les cafés et les boutiques qui restent ordinairement ouvertes le dimanche, ont été fermés sur la place et aux environs. Vers les dix heures le rassemblement paraissait à peu près dissipé. Des cris peu favorables au juste-milieu se sont fait entendre à diverses reprises.

En somme, cet incident n'aurait rien de bien grave, si le moindre événement de ce genre n'avait pas de la gravité dans un temps de révolution, et s'il ne servait pas à caractériser la position d'un pouvoir qui, n'ayant d'autre appui que la force matérielle, est continuellement obligé de recourir à ce dangereux moyen de gouvernement.   (*Quotidienne.*)

Des crieurs ont été arrêtés sous le prétexte de contraventions à la loi du timbre; dénoncés au procureur du roi, ils ont été traduits en justice; et plusieurs acquittemens successifs ont prouvé qu'il y avait eu abus de pouvoir de la part de la police. Le parquet, attaché au tribunal de première instance, s'est conformé à la jurisprudence de ce tribunal. Cependant appel fut interjeté du jugement qui renvoyait un sieur Delente de la plainte portée contre lui. En même temps M. Gisquet exigeait que les imprimés, destinés à être criés par les rues, fussent revêtus du visa de ses commissaires, à qui il ordonnait de refuser ce visa pour tout ce qui se publierait en faveur de la république. Ainsi, l'affaire se trouvait portée sur un autre terrain. Il ne s'agissait plus, pour les auteurs, de se conformer à la loi du timbre, mais pour les crieurs de se plier à la volonté de M. le préfet de police. Les ordres de M. Gisquet étaient fort impératifs; les commissaires continuèrent donc à saisir les imprimés et à *empoigner* les crieurs. Cette persistance dans l'arbitraire donna lieu à une correspondance très vive entre des auteurs et des commissaires de police; des duels s'en suivirent; heureusement le sang n'a point coulé, et le caprice de M. Gisquet n'a coûté la vie à aucun homme.

Les saisies et les arrestations continuèrent; les choses même en vinrent à ce point que M. Rodde aîné, directeur du *Bon Sens*, qui avait déjà rompu plus d'une lance en champ clos pour le bien jugé du tribunal, crut devoir donner l'exemple de la résistance aux ordres arbitraires de la police. Ainsi que nous l'avons dit, il annonça publiquement, par la voie de la presse, qu'il vendrait lui-même une brochure sur la place de la Bourse, le dimanche 13 octobre, et que, si quelqu'agent de **M.** Gisquet essayait de porter la main sur lui; il repousserait la violence par la force.

Dans ces circonstances, la cour royale eut enfin à prononcer sur l'appel du ministère public. Nous avons donné, dans notre numéro du 12, l'arrêt de la cour en entier. Nos lecteurs ont pu voir par quels misérables argumens le procureur-général a prétendu faire triompher le système de l'administration. En lisant cet arrêt, on est tenté de croire qu'il n'y a dans tout cela rien de sérieux; que c'est un jeu joué, une comédie inconvenante ou, pour parler le langage de notre temps, un *drame* où le ridicule le dispute à l'absurde. Mais comment douter de l'importance que le pouvoir attachait à cette cause, quand on a vu M. Persil occuper de sa personne le siége du ministère public; quand, surtout, on l'a entendu se livrer à de misérables déclamations contre les partis, et invoquer *la raison politique* comme règle des décisions de la justice? *La raison politique*, à propos d'une contravention à la loi du timbre! cela est ridicule. *La raison politique*, au nom du pouvoir contre un simple citoyen que l'on n'accuse pas même d'un délit! cela est odieux. L'administration voulait donc se venger? Il ne s'agissait donc pas d'appliquer la loi, mais de la faire? Il ne s'agissait pas de juger, mais de condamner; non pas de punir, mais de frapper. Et c'est un magistrat qui a accepté la déplorable mission de demander à d'autres magistrats qu'ils veuillent bien partager la haine du pouvoir, porter secours à son arbitraire et sanctionner ses violences par un arrêt! M. Persil a trop oublié qu'il parlait devant une haute cour de justice. Il aurait dû se souvenir qu'on ne faisait prononcer des arrêts *de raison politique* que *par commissaires.*

Les paroles de M. Persil ont prouvé une chose que nous avons déjà répétée souvent : c'est que le pouvoir du 9 août, tout en dehors de la nation, ne peut triompher de ses adversaires que par l'illégalité. M. Persil, en invoquant *la raison politique* contre Delente, n'a fait que réunir dans un seul mot ces deux phrases fameuses que nous avons entendues descendre du haut de la tribune, pendant la dernière session : *La légalité nous tue! il faut écraser nos ennemis.* Vos ennemis! Sont-ce les dilapidateurs de la fortune publique? Les contempteurs de la morale? Les profanateurs de la religion? Les corrupteurs de la société? Non. C'est un pauvre crieur public. Cet homme n'a point conspiré contre la sûreté de l'état; il aurait tout au plus contrevenu à la loi du timbre! Oh!

que la passion est une mauvaise conseillère! Et quand la cour
royale, adoptant votre *raison politique*, aurait condamné
Delente, auriez-vous échappé aux brochures républicaines?
Non. Vous auriez été maltraités, ridiculisés, fouettés dans
des brochures revêtues du timbre. Voilà tout.

Et c'est pour un pareil résultat que vous avez tenté de dé-
tourner la magistrature de ses devoirs! Que vous avez cher-
ché à vicier l'institution la plus nécessaire aux hommes en société, celle de la justice! Quelle condition est donc la vôtre,
puisque vous ne pouvez atteindre ceux que vous appelez vos
ennemis qu'en renversant la colonne plus forte de l'état? Invoquer la *raison politique* là où il ne doit être question que
de la loi, c'est étrangement se méprendre sur les devoirs des
juges. Y a-t-il donc aussi pour la justice comme pour les
gouvernemens une *nécessité?* Malheur aux pouvoirs qui se
croient obligés de torturer la loi pour en faire un instrument
de leurs vengeances! Malheur aux peuples soumis à des pouvoirs qui peuvent avoir d'autres ennemis que les ennemis de
la société, et qui ne peuvent les frapper qu'en brisant les
institutions! Le pouvoir n'est nécessaire que parce que c'est
lui qui doit maintenir les institutions et les lois. Malheur,
trois fois malheur, quand c'est au contraire lui qui les foule
aux pieds!

Le ministre avait craint une émeute pour la journée du
13; les troupes étaient consignées dans leurs casernes; la
garde nationale et les gardes municipaux réunis à la mairie
du deuxième arrondissement; mais l'autorité, se reposant
sur ces précautions, ne s'est pas montrée, et aucun désordre
n'a troublé la paix publique.

M. Rodde, directeur du journal le *Bon Sens*, ainsi qu'il
l'avait annoncé précédemment, est venu à deux heures distribuer sa feuille sur la place de la Bourse.

Le parti républicain, on ne saurait le nier, a vaincu le
pouvoir dans l'affaire des crieurs publics; mais ce succès,
il ne le doit point à des violences. L'opinion publique était
avec lui dans cette circonstance, parce qu'il défendait un
droit légitime; la justice lui a donné raison, parce qu'il
avait la loi pour lui. Nous désirons qu'il trouve dans la
journée du 13 octobre un utile enseignement.

(Rénovateur.)

— M. Rodde, directeur du *Bon Sens*, était au rendez-vous

à l'heure dite. L'autorité y a fait *sinistre* (style de bourse). Pas plus de police , de gardes municipaux et de sergens-de-ville que sur la main , quand on se l'est bien lavée. La victoire est donc restée à M. Rodde. Elle n'a pas même été disputée qu'un instant. Beaucoup de femmes , de jolies femmes et d'élégantes sout venues pour seconder de leur présence l'impulsion donnée ; la république se civilise. L'ordre immuable n'a pas le plus petit mot à dire à cela ; il est puni par où il a péché. *Juste retour*, etc.

Au moment où nous écrivons , M. Rodde en blouse amarante et en chapeau de cuir verni, costume de porteur , est si non porté , du moins soulevé par la foule qui l'entoure et le presse ; une amorce , et l'incendie éclaterait. Vantez-vous après cela d'avoir étouffé l'hydre !   (*Brid'Oison.*)

RÉFLEXIONS DE L'ÉDITEUR.

La publicité des rues , c'est-à-dire la liberté de la presse pour le peuple, est enfin conquise , et nous la maintiendrons contre les usurpations du pouvoir.

La police a essuyé un échec dont M. Gisquet ne se relèvera pas. Elle prétend avoir cédé devant les préscriptions de la loi et l'arrêt de la Cour royale, elle ment : elle a cédé à la peur du droit armé de la force populaire, elle a reculé devant le défi porté par le citoyen Rodde , défi soutenu par le public indépendant ; sans cela pourquoi n'aurait-elle pas cédé plus tôt ? Cent jugemens antérieurs ont constaté le ridicule et l'illégalité de ses prétentions, et dans l'arrêt du crieur Boudin, Mᵉ Persil avait porté la parole sans succès comme dans celui de Delente.

Cependant la police persistait. Il y a six mois M. Gisquet eut avec M. Rodde une longue et vive discussion , dans laquelle celui-ci , fort de la législation dont il a lu tout le texte au préfet, fort de l'opinion des jurisconsultes, même ministériels , ne laissa aucun doute dans l'esprit de son interlocuteur. M. Gisquet s'avoua vaincu en droit, et prétendit qu'il serait victorieux en fait. Ce fut alors qu'il enjoignit aux commissaires de refuser le visa, et d'arrêter les porteurs comme si le dépôt n'avait pas eu lieu ; ce fut alors qu'il organisa cette série de persécutions contre la publicité des rues; c'est-à-dire, et nous le répétons, contre la liberté de la presse pour le peuple.

Qu'on ne s'y trompe pas, un principe qui succombe sous les coups de l'arbitraire, succombe avec toutes ses conséquences; si aujourd'hui les commissaires de police exerçaient la censure, demain le parquet s'érigerait en censeur ; et le récépissé du dépôt des feuilles périodiques, serait refusé sous le même prétexte dont on s'est servi pour refuser le visa des écrits colportés dans les rues !

IMPRIMERIE DE AUGUSTE AUFFRAY,
Passage du Caire, 54.

9 782014 107609